GRETL ZOTTMANN

6 Feine Nürnberger Lebkuchen-Märchen

VERLAG HANS CARL NÜRNBERG

Wie die Oblate unter den Lebkuchen kam

Liebe Kinder, ihr wißt doch, daß Nürnberg die Stadt der Lebkuchen ist? Schon vor 600 Jahren wurden sie dort nach besonderen Rezepten gebacken. Das kam daher, daß es rings um Nürnberg so große Wälder und in diesen Tausende fleißiger Bienlein gab, die den nötigen Honig dazu lieferten. Damals gab es noch keinen Zucker, deshalb – stellt euch das einmal vor! – weder Bonbons noch Pralinen, und ihr könnt euch denken, wie sehr sich alle Leute, vor allem aber die Kinder freuten, wenn sie zu Weihnachten ein paar süße Honig- oder Lebkuchen bekamen. So hatten die Lebküchner natürlich viel Arbeit vor dem Fest und mußten nicht selten mehr als die halbe Nacht in der Backstube stehen.

Da kam nun eines Tages die Kunde nach Nürnberg, daß des Königs Töchterchen schwer erkrankt war: es lag still in seinem blauseidenen Himmelbett, mochte nicht lachen, nicht spielen, und was das Schlimmste war – es mochte nichts essen. Was sie ihm auch brachten auf seinem goldenen Tellerchen – nichts schmeckte ihm. So wurde es täglich schwächer und blasser, und der Leibarzt des Königs wußte sich gar keinen Rat mehr. Der König selbst aber, der die kleine Prinzessin von Herzen liebte, war tieftraurig und er versprach tausend Goldgulden dem, der seinem einzigen Kind helfen würde.

Das erfuhr auch ein braver, sehr tüchtiger Lebkuchenbäcker, dem vor Jahren selber ein Töchterlein gestorben war. Zwar hatte Gott seiner Frau und ihm wieder drei gesunde Kinder geschenkt, an denen sie ihre Freude hatten – aber die kleine goldlockige Elise konnte der Mann trotzdem nicht vergessen.

Darum fühlte der Lebküchner herzliches Mitleid mit dem König und er dachte in seinem einfachen Sinn: wenn man der Prinzessin etwas besonders Feines brächte, würde sie schon wieder Lust am essen bekommen und sicher wieder gesund werden. Der Gedanke ließ ihm keine Ruhe mehr.

Und eines Abends, als schon alles schlief, bereitete er einen Teig, so fein wie nie zuvor: Mehl nahm er nur ganz wenig, aber viel aromatischen und heilsamen Bienenhonig, ein paar Handvoll geriebene Nüsse und Mandeln, ein Dutzend frische Eier schlug er darein, gemahlene Zimtschoten, Nelken und Muskatblüten mischte er darunter. Als er ein Löffelchen von der Masse versuchte, schnalzte er mit der Zunge, so köstlich schmeckte sie – und am liebsten hätte er den ganzen Teig aufgegessen. Aber er dachte an das arme, kranke Prinzeßlein – und wie ihm diese Lebkuchen Appetit und damit die Genesung bringen sollten. So setzte er mit einem Löffel kleine Teighäuflein auf ein Backblech und schob es voll freudiger Erwartung in den Ofen.

Aber – o weh! Als er es wieder herauszog, waren die Häuflein alle ineinander gelaufen, das Ganze sah häßlich und unappetitlich aus, und mit einem Messer mußte er es mühsam vom Blech kratzen, so daß es lauter Krumen und Bröckchen gab. Die schmeckten zwar herrlich, aber es war unmöglich, so etwas an den König zu schicken. Da ging der Meister sehr traurig zu Bett.

Die kleine Elise aber war längst ein Englein geworden. Da hatte sie es natürlich gut. Und wißt ihr, was sie am liebsten tat? Sie setzte sich oft auf eine weiße, weiche Wolke und segelte damit – hoch droben – über die Erde. Sah auf die großenStädte und kleinen Dörfer herab, auf Felder, Wälder und stille Seen, in denen sich blau und silberweiß der Himmel spiegelte. Dabei zupfte sie manchmal ein Stückchen von ihrer Wolke und steckte es in den Mund: das schmeckte nicht süß und nicht sauer, aber es verging so angenehm mild auf der Zunge.

An diesem Abend nun hatte das Englein geholfen, die Sterne blank zu putzen für das nahe Weihnachtsfest. Dabei hatte es auch in die Backstube seines lieben Vaters hinuntergeguckt. Es hatte gesehen, wie er sich gemüht, sich zuerst so gefreut und dann so gegrämt hatte.

Nun ist es aber so: wenn Menschen etwas Gutes tun wollen, dürfen die Engel ihnen dabei helfen. Und dazu war das Englein Elise gleich bereit.Es legte den Finger an sein Näschen und dachte ein paar Sekunden lang nach. Dann wußte es schon, wie es seinem Vater helfen konnte: es ging zu den weißen Wolken, riß einen Armvoll davon ab, spannte seine Flügel aus und flog hinunter auf die Erde.

Der Nachtwind, der es necken wollte, zauste ein wenig an der Wolke – und der Nachtwächter drunten, der gerade seinen Spruch rief: ›Hört ihr Herrn und laßt euch sagen, unsere Glock hat zwölf geschlagen ...‹ der dachte: ›Es fängt an zu schneien!‹

Das Englein aber war schon durch das offene Fenster in die Backstube geflogen. Es legte die Wolke auf den Tisch, nahm ein Nudelholz und walkte sie – leise, leise! – so dünn aus wie ein StückPapier. Daraus schnitt es dann mit der Schere runde Scheiben und legte sie auf ein großes Backblech. Auch den Wolkenrest walkte es noch aus, daß der Vater Vorrat hatte. Bevor es aber wieder fortflog, riß es sich schnell eins von seinen goldenen Haaren aus und legte es neben das Blech.

Am anderen Morgen staunte der Lebküchner natürlich sehr. Er rief seiner Frau und fragte: ›Hast du mir das Papier aufs Backblech gelegt? Es ist zwar schön weiß und war sicher teuer‹ – Papier war nämlich damals noch etwas Kostbares! – ›aber das kann ich doch nicht mitbacken! Das Prinzeßlein müßte es ja bei jedem Bissen erst wieder wegzupfen!‹

Seine Frau jedoch hatte inzwischen das goldene Haar entdeckt.

›Du‹ sagte sie verwundert, ›das glänzt wie die Locken unserer kleinen Elise! Am Ende hat sie die weißen Scheiben da gebracht? Laß mal eine kosten!‹ Und sie nahm eine und biß hinein.

›Mann!‹ rief sie dann, ›das ist kein Papier! Das schmeckt nicht süß und nicht sauer, aber es zergeht wunderbar leicht auf der Zunge. Das kannst du bestimmt mitbacken!‹

Der Lebküchner bestrich nun die runden Scheiben mit dem noch übrigen Teig – und richtig, als er das Blech aus dem Ofen zog, lagen lauter runde, schöne Lebkuchen darauf, die so herrlich dufteten und schmeckten, daß der Meister überglücklich war.

Mehl
Hon

Er nahm eine Blechdose, bemalte sie hübsch bunt und schrieb in seiner zierlichsten Schrift darauf: ›Elisen-Lebkuchen‹. Dann legte er die feinen Lebkuchen hinein und schickte sie an den König für die kleine Prinzessin. Seine Frau aber bewahrte das goldene Haar gut auf zum Andenken an ihre Elise.

Drei Tage vor Weihnachten erschien ein berittener Bote vom König. Er war prächtig angezogen und alle Leute schauten neugierig aus den Fenstern. Er betrat das Haus des Lebküchners und brachte eine freudige Nachricht: Die kleine Prinzessin hatte von den Lebkuchen gekostet und sie hatten ihr so gut geschmeckt, daß sie die ganze Schachtel voll aufgegessen hatte!

›Seitdem‹ berichtete der Bote, ›geht es aufwärts mit ihr! Aber sie möchte noch mehr von den feinen Lebkuchen – und auch der König und der ganze Hofstaat will davon essen!‹ Dabei überreichte er dem Lebküchner die tausend Gulden, und dieser versprach, eine ganze Kiste voll Elisenlebkuchen zu backen und an den König zu schicken.

Seitdem werden in Nürnberg das ganze Jahr über und besonders an Weihnachten riesige Mengen von Lebkuchen gebacken und in alle Welt verschickt. Die Elisen- und einige andere feine Lebkuchen sind unten weiß – schaut sie nur mal an! Das ist natürlich kein Wolkenteig mehr, sondern die Menschen haben gelernt, aus weißem Mehl und Wasser diese papierdünne Unterlage zu backen, die man Oblaten heißt.

Ihr wißt jetzt auch, warum die feinsten runden Lebkuchen ›Elisenlebkuchen‹ heißen – und vielleicht liegt an Weihnachten auch einer auf eurem bunten Teller!

Elisen

Die Geschichte vom Nürnberger Allerlei

Vor langer Zeit – es ist sicher über 300 Jahre her – wohnte in Nürnberg ein tüchtiger Lebküchner, mitten im Herzen der Stadt. Er verstand sein süßes Handwerk recht gut und außerdem war er so sparsam, daß man schon fast ›knickerig‹ sagen kann. Kein Wunder, daß er sich ein stattliches Haus erwerben konnte mit einem zierlichen Chörlein und vielen Butzenfensterscheiben. Da wohnte er mit seiner Frau und einem wunderschönen Töchterlein, das Klärchen hieß. Im Erdgeschoß hatte er vorne hinaus einen hübschen Laden, in dem seine Frau und Klärchen die Lebkuchen und Plätzchen verkauften, die er mit einem Gesellen und dem Lehrbuben hinten in der großen Backstube buk.

Der Geselle Jakob, ein fleißiger und kluger Bursche, trug aber an einem schweren Kummer: er hatte nämlich das schöne Klärchen von Herzen lieb und keinen anderen Wunsch, als daß er es heiraten dürfe. Auch Klärchen war dem Jakob recht gut – und mancher strahlende Blick zwischen den beiden hatte dem Meister verraten, wie es um sie stand.

Da war der aber sehr zornig geworden. Sein Reichtum hatte ihn stolz gemacht, und sein Ehrgeiz wünschte sich einen ganz anderen Schwiegersohn als den armen Jakob, der seine Eltern schon früh verloren hatte und nur einen kleinen Beutel sauer ersparter Gulden besaß.

›Laß dir ja nicht einfallen, meiner Tochter den Kopf zu verdrehen!‹ fuhr er Jakob an. ›Mit deiner Arbeit bin ich gut zufrieden, aber für mein Klärchen such ich schon was Besseres aus!‹ Und zu Klärchen sagte er: ›Daß du mir dem Jakob keine schönen Augen machst! Ich hab nicht geschuftet und gespart, daß so ein hergelaufener Habenichts sich ins warme Nest setzen kann! Da muß einer schon was mitbringen – und der wird sich finden – verlaß dich drauf!‹

So kam das Weihnachtsfest heran und in der Backstube gab es natürlich viel Arbeit. Damals hatte man ja noch keine Maschinen, alles mußte man mit der Hand machen: Nüsse, Orangeat und Zitronat hacken für die saftigen Elisenlebkuchen. Mandeln schälen und schneiden als Verzierung für die ›Weißen‹. Zimt, Nelken, Ingwer, Kardamom – all die duftenden Gewürze, die von weit herkamen, im Mörser ganz fein stoßen. Es hieß Mehl abwiegen, Honigeimer heranschleppen – und endlich den Teig rühren, kneten und formen.

So kam der Abend, an dem der ›Christkindlesmarkt‹ eröffnet wurde. Heute ist er weltberühmt und glitzert über all den Marktbuden voller Christbaumschmuck und Rauschgoldengel, Krippenfiguren, Zwetschgenmännlein, voll ›Docken‹ – so nannte man früher die Puppen – und tausenderlei anderem Spielzeug. Und dabei steigt ein köstlicher Duft von frischen Lebkuchen, gebrannten Mandeln und brutzelnden Bratwürsten zum nachtblauen Himmel auf.

Fast genau so war alles damals schon. Auch der Meister war – nach langem Bitten – mit

seiner Frau und Klärchen zum Markt gegangen und der Lehrbub hatte sich heimlich fortgeschlichen. So befand sich Jakob allein in der Backstube und war gerade dabei, braune Honigplätzchen zu backen.

Als er jetzt die Glocken der Frauenkirche so feierlich läuten hörte, wurde ihm ganz eigen ums Herz: froh und traurig zu gleicher Zeit. Er dachte, wie schön es wäre, wenn er zum Christfest Klärchen ein Ringlein an den Finger stecken dürfte – und ganz in Gedanken schnitt er mit seinem Taschenmesser ein paar Ringe aus dem Teig. Er sann weiter, wie er es als seine Frau von Herzen lieben, alles für sie tun und am liebsten die Sterne für sie vom Himmel holen würde. Dabei schnitt er lauter Herzen und Sterne aus. Ja, das wäre ein Glück, träumte er weiter – und seine geschickten Hände formten Pilze, Hufeisen, Kleeblätter, die ja als Glückszeichen gelten.

Bald hatte er zwei große Backbleche mit diesen Figuren bedeckt, schob sie in den Ofen und buk sie. Als er sie herauszog, waren sie wunderhübsch geraten! Er legte sie zum Abkühlen auf den Tisch – und dachte an die feinen, weißen Hände Klärchens, die sie morgen im Laden verkaufen würden. Da schlug er einen festen Eierschnee und strich einen Teil der Plätzchen weiß an. Weil ihm aber auch die rosigen Wangen des Mädchens durch den Sinn gingen, tat er etwas Himbeersaft in den Guß und glasierte die anderen rosarot. Das alles ließ er schnell im Backofen trocknen.

Kaum hatte er die Plätzchen herausgenommen, hörte er den Meister heimkommen, und gleich darauf trat er in die Backstube.

›Sind die Braunen fertig?‹ fragte er gutgelaunt. Aber dann sah er, was da Neues auf dem Tisch lag: neben den braunen, runden Plätzchen die weiß und rosa glasierten Herzen, Sterne und Ringe.
›Ja, was fällt denn dir ein?‹ schrie er so zornig, daß der arme Jakob ganz blaß wurde. ›Was soll denn das sein?‹ Wütend ballte er die Fäuste über dem Tisch, als wollte er alles zerschlagen. ›Was das sein soll, frag ich dich!‹ brüllte er – und der erschrockene Jakob stotterte: ›Das – das ist halt – so allerlei!‹
›Allerlei!‹ spottete der Meister wild, ›Allerlei‹ – ganz richtig! Wer soll denn das Zeug da kaufen? Braune Plätzchen wollen die Leute und nicht solchen Firlefanz! Geh mir aus den Augen und aus dem Haus – auf der Stelle, hörst du? Den verpatzten Teig da zahlst du mir, und dein ›Allerlei‹ kannst du mitnehmen!‹
Trotz aller Bitten ließ sich der Meister nicht erweichen: Jakob mußte gehen. Traurig packte er seine Habseligkeiten ein, füllte die Plätzchen in ein sauberes Säcklein, und fand bei einem befreundeten Schuhmacher Aufnahme.
In der Nacht aber hatte er einen Traum: Er ging, ganz allein, durch den Christkindlesmarkt. Da sah er plötzlich, wie ein großer Rauschgoldengel ihm lächelnd zunickte – sein Gesichtlein glich ganz dem von Klärchen. Jakob trat näher und merkte, daß der Engel mit den Augen auf einen Korb deutete, der zu seinen Füßen stand. Und wie Jakob genauer hinschaute, da war der Korb gefüllt mit all den Plätzchen, die er heute gebacken hatte. Verwundert schaute er auf –

da nickte der Engel dreimal anerkennend mit dem Kopf. Darüber freute sich Jakob so, daß er aufwachte. Er war plötzlich garnicht mehr traurig, sondern voll Zuversicht – und er begann zu überlegen ...

Anderntags aber stand Jakob wirklich neben einer Bude mit Rauschgoldengeln und hielt seine Plätzchen feil, appetitlich auf weißem Papier ausgebreitet. Mit schöner Schrift hatte er auf einen Zettel geschrieben: ›Nürnberger Allerlei‹.

Die Kinder waren die ersten, denen diese leckeren Ringe, Sterne und Herzen gefielen – sie zogen ihre Mütter an den Stand und wollten welche haben. Aber auch die Mütter fanden sie sehr hübsch, und bald war Jakobs Vorrat verkauft, obwohl er mehr Geld dafür verlangt hatte, als die gewöhnlichen braunen Plätzchen kosteten. Wo aber sollte er nun frische backen?

Der Meister erlebte inzwischen keine gute Stunde: Klärchen hatte so rotgeweinte Augen, daß es nicht in den Laden konnte, die Meisterin machte ihm bittere Vorwürfe, und er selber – er wußte nicht, wie er mit der Arbeit fertig werden sollte!

Nachdem ihm aber gar ein Nachbar zugetragen hatte, welch gutes Geschäft Jakob mit diesem Allerlei machte, sagte er plötzlich ganz laut zu sich selber: ›Ich Esel!‹ Denn nun hatte er erkannt, daß sein Geselle nicht nur fleißig, sondern auch sehr klug war, und daß diese Eigenschaften soviel Wert besaßen wie bares Geld.

Da riß er sich eilig den weißen Schurz ab, ließ alles stehen und liegen, suchte Jakob und holte ihn wieder zurück in die Backstube.

An Weihnachten aber durfte der wirklich dem strahlenden Klärchen einen Ring an den Finger stecken – und schon bald darauf im Frühjahr sollte die Hochzeit sein! Seitdem wird das ›Nürnberger Allerlei‹ gebacken bis auf den heutigen Tag. Und in vielen Familien werden die süßen Herzen, Sterne und Ringe an den Christbaum gehängt. Wer weiß – vielleicht auch bei dir daheim?

Das Märchen von den sieben Kurfürsten

Ganz sicher hast du schon das berühmte ›Männleinlaufen‹ an der Frauenkirche gesehen? Hoch oben, im sogenannten ›Marienchor‹ befindet sich eine Kunstuhr. Sie wurde schon 1509 von G. Heuß und Seb. Lindenast hergestellt und, nachdem sie im letzten Krieg zerstört wurde, von dem Nürnberger Turmuhrmachermeister Riedl und seinem Sohn neu konstruiert.

Unter dem Zifferblatt sitzt Kaiser Karl IV., über und neben ihm sieht man allerlei Figuren, z.B. zwei Bläser, einen Tambour, einen Querpfeifer, zwei Glockenschläger. Jeden Mittag, nach dem zwölften Glockenschlag werden sie plötzlich alle lebendig. Sie blasen, trommeln, schlagen an die Glokken – dann aber springt beiderseits vom Kaiser eine Tür auf: durch die rechte treten feierlich nacheinander die sieben Kurfürsten hervor, drehen sich in der Mitte grüßend dem Kaiser zu, der huldvoll das Zepter hebt, und verschwinden dann wieder durchs linke Türlein. Nach dem dritten Umgang schließen sich die kleinen Tore – und alles ist wieder still.

Natürlich versammeln sich jeden Mittag unten am Markt eine ganze Menge Leute und haben ihre Freude an dem Spielwerk dort oben. Besonders während der Reisezeit und im Winter, wenn der Christmarkt viele Fremde anzieht.

Vor gut dreihundert Jahren geschah es nun einmal, daß dieses Uhrwerk plötzlich stillstand. Kein Kurfürst rührte sich mehr und der Kaiser hielt wie gelähmt sein Zepter hoch. Die Leute unten stießen sich an, zeigten hinauf und fingen an zu lachen. ›Der Kaiser hat den Krampf!‹ sagte ein Lausbub und ein Fremder meinte enttäuscht: ›Das Ding ist hin!‹

Der Uhrmachermeister aber stand ganz erschrocken oben vor dem Werk mit den vielen Rädchen. Er hatte es wie jeden Tag aufgezogen. (Heute geht das elektrisch). Da, gerade als der ›Pfalzgraf bei Rhein‹ durch das Türchen hinaustreten sollte, tats einen leisen Knacks – und alles stand mäuschenstill.

Der Meister eilte heim, holte Werkzeug und seinen Gesellen Hans. Zusammen überprüften sie nun jede Schraube, jedes Rädchen. Als es dunkel wurde – sie hatten schon eiskalte Füße bekommen da droben in der luftigen Höhe – sagte der Meister bedrückt: ›Machen wir Feierabend!‹

Daheim aber erzählte der zwölfjährige Thomas dem Vater, daß schon ein Bote der Stadt dagewesen sei: die Herren vom Rat ließen fragen, was denn los sei mit der Uhr. ›Das weiß der Kuckuck!‹ brummte Hans. Der Meister aber meinte: ›Morgen werden wir schon drauf kommen.‹

Auch am nächsten Tag arbeiteten sie wieder bis zum Abend, untersuchten jedes Teilchen – aber vergebens. Es war wie verhext! Der Rat war schon ungehalten und der Meister natürlich sehr bekümmert. Ohne Abendbrot legte er sich erschöpft zu Bett.

Thomas aber, dessen Mutter bei seiner Geburt gestorben war, sorgte sich sehr um ihn. ›Nehmt mich doch auch mit, laßt mich helfen!‹ hatte er gebettelt. Doch der Geselle hatte nur gebrummt: ›Das ist nichts für Zwerge!‹ Ja, er nannte ihn spaßhaft immer Zwerg, weil er ihn von kleinauf kannte. Aber der Junge war nicht mehr klein und ärgerte sich darüber. Er hieß doch Thomas! Und heute hatte er sogar Namenstag! Vor Aufregung hätten sie ganz darauf vergessen, wenn nicht die gute Großmutter ihm drei, köstlich nach Honig und Mandeln duftende Lebkuchen als Angebind gebracht hätte!

Auch sie wußte schon von der kaputten Uhr, und leise sagte sie zu Thomas: ›Du, die Thomasnacht – das ist eine besondere! Paß gut auf, am End sagt dir ein Traum, was der Uhr fehlt!‹ – Wie aber sollte Thomas träumen, wenn er garnicht einschlafen konnte, weil er immer das besorgte Gesicht seines Vaters vor sich sah? Am Ende sperrten sie ihn gar noch ein …

Plötzlich kam ihm ein kühner Gedanke: wenn er doch selber einmal hinaufstiege und sein Glück probierte – gerade jetzt, in der Thomasnacht? Leise stand er auf, zog sich an und steckte als Vesper einen der Lebkuchen ein. Unten in der Diele nahm er mit Herzklopfen den schweren Kirchenschlüssel des Vaters an sich und schlich aus dem Haus.

Hell beleuchtete der Vollmond die Straßen. Aber in der Kirche wars dunkel, und als Thomas die schmale Treppe hinaufkletterte, wurde ihm unheimlich zumut. Doch droben, im Chor, schien der Mond durch die offenen Türchen und gab ihm neue Zuversicht. Gerade wollte Thomas sich dem Räderwerk zuwenden – da fuhr er entsetzt

zusammen: zwölf dröhnende Glockenschläge verkündeten die Mitternacht. Der Bub hielt sich die Ohren zu, so laut war das. Kaum aber war der letzte Glockenschlag verhallt, hörte man von draußen die strenge Stimme des Kaisers:
›Kurfürst, Pfalzgraf bei Rhein! Schämt Euch! Ihr seid schuld, daß keiner von uns sich mehr rühren kann! Mein Arm ist schon ganz taub vom Hochhalten des Zepters!‹
›Und ich‹, sagte grimmig der Kurfürst von Sachsen, ›ich steh hier draußen im Freien und erfriere mir die Füße!‹
›Lächerlich macht Ihr uns alle miteinander!‹ schimpfte der von Brandenburg.
Und die drei Fürstbischöfe von Mainz, Köln und Trier sagten:
›Unerhört, so ein Benehmen!‹
Der Pfalzgraf aber war ganz zerknirscht: ›Das wollt ich bestimmt nicht! Habt doch Verständnis, Majestät! Ich, als Truchseß, bin nun mal ein Feinschmecker!‹ (Ein Truchseß nämlich war im Mittelalter an den Höfen der Oberste der Küche). ›Jeden Tag‹, so verteidigte er sich weiter, ›darf ich nur für ein paar Sekunden lang den herrlichen Lebkuchenduft schnuppern, der vom Markt heraufweht! Einmal wenigstens wollt ich ein bißchen stehen bleiben und mich sattriechen – darum hab ich den Fuß vor den Türrahmen geklemmt. Daß ich ihn jetzt nicht mehr wegbringe, dafür kann ich nichts!‹
Höchst erstaunt hatte Thomas zugehört. Das also wars! Nicht am Räderwerk lags, sondern an einer der Figuren – am Pfalzgrafen, der ihm trotzdem leid tat. Es fiel ihm der Lebkuchen ein, den er eingesteckt

hatte. Er zog ihn aus der Tasche und zitternd vor Aufregung – es waren ja lauter hohe Herren – trat er nun vor, kniete beim Pfalzgrafen nieder und sprach: ›Gnädiger Herr Kurfürst, daf ich Euch diesen Lebkuchen anbieten? Er ist ganz frisch! Aber bitte, erlaubt mir dafür, daß ich Euren Fuß wieder freimache!‹

›Was?‹ rief der Pfalzgraf, ein richtiger Lebkuchen? O ja – gib her! Ich danke dir, mein Sohn!‹ Und während er mit vollen Backen kaute, machte Thomas mit seinem Taschenmesser die Fußspitze frei, die wirklich vor den Türrahmen geklemmt war, bog sie ein bißchen hoch – und schon begann das Uhrwerk da weiterzulaufen, wo es aufgehört hatte.

Mit jubelndem Herzen rannte Thomas heim, legte sich schlafen und kam erst zu sich, als der Vater ihn rüttelte: ›Los, Thomas, aufstehn!‹ Da war er mit einem Schlag hellwach: ›Vater!‹ schrie er, ›Vater, die Männlein laufen wieder!‹

›Was faselst du da? Du hast wohl geträumt?‹

›Nein, nein – bestimmt nicht!‹ Während er sich anzog, erzählte Thomas alles und rannte dann mit Hans und dem Vater zur Kirche. Als dieser droben das Uhrwerk aufgezogen hatte, und alles lief, wie es sollte, da drückte er den Sohn fest ans Herz vor Freude, und Hans sagte respektvoll: ›Jetzt bist kein Zwerg mehr, Thomas!‹

Doch das mit dem Lebkuchen glaubte er nicht. ›Sicher hatte sich allerhand Taubendreck angehäuft – und den hast du mit dem Messer weggekratzt! Darauf sind wir nicht gekommen!‹

›Aber mein Lebkuchen? Der ist doch weg – und ich hab ihn nicht gegessen!‹
›Den haben die Vögel weggepickt!‹ sagte der Geselle. Aber Thomas ließ sich nicht irremachen. Er wußte, was er erlebt hatte – mochten die Großen das glauben oder nicht.

Die Geschichte vom großen Lebkuchen

Im Sommer des Jahres 1855 herrschte in Nürnberg tolle Aufregung: der Rat der Stadt hatte bekanntgegeben, daß König Max II. mit seiner Gemahlin Marie nach Nürnberg kommen und fünf Wochen mit seinem Hofstaat auf der Burg wohnen wolle.

Nun hatte die Stadt ja schon des öfteren Könige und Kaiser zu Gast gehabt, aber für so lange Zeit – das war ein besonderes Ereignis! Da wurden denn die Räume der Burg auf Hochglanz gebracht, die Bürger ließen ihre Häuser verschönern, die Frauen putzten alle Fenster blank und stellten Blumen davor, Fahnen wurden genäht, die Schulkinder lernten Lieder zu Ehren des hohen Paares und die Ratsherren planten Volksbelustigungen und ein großes Feuerwerk.

Auch bei den ehrsamen Handwerkern herrschte höchste Betriebsamkeit: wie üblich, wollten sie dem König selbstgefertigte Geschenke, die sogenannten ›Hausschenken‹ überreichen. Da gab es stundenlange, hitzige Beratungen bei den vielen verschiedenen Zünften und natürlich auch bei den Lebküchnern.

Längst war ja Nürnberg als Lebkuchenstadt berühmt – da wollten sich die Meister nicht lumpen lassen, sondern mit ihrem Geschenk ganz besondere Ehre einlegen. Nach mancherlei Hin und Her beschloß man, einen so großen Lebkuchen zu backen, wie es noch

nie einen gegeben hatte! Dem tüchtigsten Meister wurde diese verantwortungsvolle Arbeit übertragen, und mit Feuereifer machte sich der Meister Schmidtbäck samt seinem Gesellen Albrecht und den zwei Lehrbuben Hans und Schleck ans Werk.
Schleck hieß eigentlich Fritz. Aber weil er so gern schleckte, hatten sie ihm den häßlichen Spitznamen gegeben. Er war ein hübsches und gescheites Bürschlein – aber immer wieder steckte er heimlich ein Stückchen Teig, eine Mandel oder ein Eckchen Zitronat in den Mund. Das hatte schon manches Donnerwetter mit ›Blitz und Einschlag‹ verursacht. Und als ihn der Meister gar einmal ertappte, wie er mit dem Finger in den Honigeimer tauchen wollte – da bekam er eine Ohrfeige, daß seine Backe so rot anlief wie eine Tomate im August!

Deshalb nahm der Lebküchner den Jungen extra ins Gebet:
›Schleck‹ sagte er, ›du weißt, welch hohe Ehre es für uns ist, daß wir den Lebkuchen für den König backen dürfen – eine Ehre für mich, aber auch für Albrecht, Hans und dich! Als alter Mann noch wirst du stolz deinen Enkeln davon erzählen! Darum warn' ich dich: laß die Schleckerei! Sollte ich dich diesmal dabei erwischen, dann zieh ich dir die Ohren so lang, daß du sie überm Kopf zusammenknüpfen kannst! Wenn du dich aber tapfer hältst, darfst du dem König einen Spruch aufsagen und – bist von da an nur noch der Fritz! Keiner darf dich dann mehr Schleck nennen! Also – gilts?‹ Er streckte ihm die Hand hin.
›Es gilt!‹ sagte der Junge fest und schlug ein. Seine Augen strahlten: den König ganz nah

sehen dürfen, und den verhaßten Schimpfnamen loswerden – dieses Glück wollte er sich nicht verscherzen.
Dann gings an die Arbeit. Meister, Geselle und Lehrbuben zogen ganz frische Schürzen an und stülpten sich schneeweiße, hohe Mützen auf den Kopf, damit doch ja kein Haar in den Königslebkuchen fiel. Ein Sack feinstes Mehl wurde in den Backtrog gesiebt, ein paar Eimer goldklarer Bienenhonig dazugegossen, eine Schüssel voll frische Eier hineingeschlagen. Der Meister rührte und knetete abwechselnd mit Albrecht den schweren Teig, daß ihre Armmuskeln ganz dick wurden. Hans und Schleck aber schnitten Zitronat und Orangeat, brühten ein paar Pfund Mandeln und zogen ihnen die braune Haut ab. Sie rieben Nüsse und stießen in kupfernen Mörsern Zimtschoten, Nelken, Ingwer, Pfeffer und Kardamon zu feinstem Pulver. Das war mühsam, aber diese Gewürze gehören eben in echte Nürnberger Lebkuchen – auch heute noch!
Endlich, am 1. Juli 1855, war das Königspaar mit seinem Gefolge angekommen – und gleich anderntags fand die Übergabe der Hausschenken statt. Die Sonne strahlte vom blauen Himmel auf die lustig wehenden Fahnen, die grünen Gewinde und die Tausende festlich gekleideter Menschen, die die Straßen säumten, den Zug der Handwerker zu sehen.
Mit ›Tschintara‹ und ›Bumtata‹ zogen diese über den Markt zur Burg hinauf, wo König Max und Königin Marie unter rotseidenem Baldachin saßen, umgeben von ihrem Hofstaat. Immer wieder dankten sie, huldvoll

lächelnd, wenn eine Zunft ihre Gabe mit feierlichem Spruch ihnen zu Füßen gelegt hatten – und mancher Reim ließ den König gerührt schmunzeln. Freilich, Hans Sachs hätte wohl die Nase gerümpft.

Da deklamierte z. B. der Metzger für seine Zunft:

›Der Mensch lebt nicht vom Brot allein,
Es gilt nicht fasten alle Tage!
Und ziert den Tisch:
Fisch, Obst und Wein –
Schmückt erst der Braten das Gelage!‹

Die Schneider meinten:

›Heut bringen wir Schneider
Gar köstliche Kleider
Dem König zu Ehren,
Dem wir sie verehren
Zu Nürnbergs allerschönster Zeit
In wahrer Untertänigkeit!‹

Die Büttner huldigten besonders der Königin:

›Weiber, die nicht keifen,
sind ein rares Stück –
Eimer ohne Reifen
unser Meisterstück.
Edelste der Frauen,
weis uns nicht zurück,
Du, in der wir schauen
unseres Königs Glück!‹

Und so ging es fort nacheinander. Du kannst dir nicht vorstellen, welcher Berg von Geschenken da anwuchs! Und was für schöne, kostbare Arbeiten wurden dargebracht von Schreinern, Drexlern, Glasern, Töpfern, Gold- und Silberschmieden. Schuster und Schlosser traten an, Sattler und Buchbinder, Zinngießer, Seiler, Kamm- und Schirmmacher.

Dir hätten natürlich am besten die Spielwaren gefallen, für die Nürnberg ja berühmt war. Sicher kennst du den alten Spruch? Nürnberger Tand geht durch alle Land! Und das war eine reizende Schau: die Pferdchen mit Wagen oder zierlichen Kutschen, die kleinen Ställe oder die prächtige Burg mit Türmen und Zugbrücke. Nur Puppen waren keine dabei, denn das Spielzeug war den zwei Söhnen des Königs zugedacht: dem Kronprinzen Ludwig, der dann viel später die märchenhaften Königsschlösser erbauen ließ und im Starnberger See ertrank, und dem Prinzen Otto. Die beiden hatten daheimbleiben und zur Schule gehen müssen. Prinzen haben nämlich viel mehr zu lernen als andere Kinder!

Endlich kamen auch die Lebküchner an die Reihe. Alle Leute reckten den Hals und jubelten, als sie den Lebkuchen sahen, den vier Meister tragen mußten – so riesig war er! Und wie prächtig sah er aus: braun und glänzend – mit weißen Mandelkernen war eine Schrift gesetzt: ›Heil unserm König!‹ Die vier Ecken waren kunstvoll mit Blumen aus geschnittenem Zitronat, die Ränder mit Mandel- und Nußkernen verziert. Alle Meister und Gesellen zogen hinterdrein, am Schluß die Lehrbuben.

Nur Schleck – der marschierte stolz vor den Meistern: in der linken Hand einen Korb verschiedener feinster Lebkuchen, in der rechten einen Strauß roter und weißer Rosen. Denn rot und weiß sind die Stadtfarben von Nürnberg.

Ja, er hatte Wort gehalten: so scharf der Meister auch aufpaßte, nie hatte er ihn beim Schlecken erwischt. Und jetzt wurde er be-

lohnt. Mit einer tiefen Verbeugung legte er den Rosenstrauß in die Hände der Königin, stellte den Korb zu Füßen des Königs und schmetterte dann mit heller Stimme seinen Spruch:

›Lebkuchen kann Nürnberg bereiten,
Daß Ulm und Basel es beneiden.
Wir bringen Euch weiße und braune –
Verzehrt sie in fröhlicher Laune!‹

Das hohe Paar dankte ihm freundlichst, die Hofdamen klatschten Beifall und hoben schnuppernd die gepuderten Näschen nach den Lebkuchen, die so wunderbar würzig dufteten, daß ihnen das Wasser im Mund zusammenlief!

Schleck aber kam sich vor wie im Traum: niemals würde er diesen glanzvollen Ehrentag vergessen! Und als ihm der Meister später auf dem Heimweg auf die Schulter klopfte und ihn lobte: ›Gut hast deine Sach gemacht, Fritz!‹ – ja, da war sein Glück vollkommen.

Sabinchens Abenteuer

›Binchen‹ sagte eines Abends die Mutter, als sie ihrem siebenjährigen Töchterchen im Bad die blonden Haare bürstete, ›Binchen, es ist soweit: nächste Woche arbeite ich wieder nachmittags in der Lebkuchenfabrik. Bald ist Weihnachten – du weißt, dafür müssen täglich riesige Mengen von Lebkuchen gebacken, in Kartons oder hübsche Truhen verpackt und in die ganze Welt verschickt werden. Dazu braucht es viele Hände. Diese Arbeit macht Spaß und bringt Geld.‹

›Fein!‹ strahlte Sabinchen, ›da kriegst du zu Weihnachten wieder solch tolles Lebkuchenpaket, gelt?‹

›Freilich.‹

›Und bringst mir manchmal einen verschrumpelten Lebkuchen mit?‹

›Klar. Alle, die nicht ganz schön geraten, werden billig als Bruch verkauft. – So. Fertig!‹ Jetzt waren die Haare zu zwei Zöpfchen eingeflochten. Waschen und Zähneputzen war schon erledigt. Binchen gab ihrem Papi einen Gutenachtkuß und kletterte dann ins Bettchen, in dem schon ihr Liebling, der Bär Tatzi, auf sie wartete.

›Ach Mutti, ich bin noch ganz arg wach – erzählst du mir noch ein bißchen von deiner Fabrik?‹

›Wenn du mir versprichst, daß du, während ich dort arbeite, daheim ein bißchen hilfst, abtrocknen, aufräumen und so – bist ja jetzt schon ein großes Mädel!‹

›Tu ich! Feste! Aber jetzt erzählst du noch ein bißchen?‹

Die Mutter setzte sich ans Bett und Binchen hörte nun von der großen blitzsauberen Fabrik, in der es so köstlich duftete. Von den langen Kettenöfen, in denen die Lebkuchen gebacken wurden, von den schneeweißen, gekachelten Teigbunkern: ›Die sind größer als unser Wohnzimmer! Und schon seit Wochen mit süßem Honigteig bis obenhin gefüllt – für die braunen Lebkuchen und das Nürnberger Allerlei.‹ Von den flinken Maschinen berichtete sie, und den vielen Händen, die mit Mandelkernen und Zitronat die feinen Sorten verzieren, Lebkuchen und Dominosteine in buntbemalte Schachteln verpacken, oder diese in die großen Pakete verstauen, die auf dem Fließband heranrollen. Und schließlich wußte die Mutter noch von den gewaltigen Vorratsmengen: den Säcken voll Mehl, Zucker, Mandeln und Nüssen, den aromatischen Gewürzen, und den großen Eimern voll feinstem Bienenhonig. ›Der ist die Hauptsache‹ sagte sie, ›ohne den gäbe es keine Lebkuchen!‹

›Und ohne Bienchen keinen Honig, gelt?‹

›Ganz richtig. Aber mein Binchen – ohne ›e‹ – ist jetzt müde und schläft schön . . .‹

Kaum hatte die Mutter das Licht gelöscht und die Tür geschlossen, da rührte es sich neben Sabine. Tatzi setzte sich auf und brummte leis: ›Hast du das gehört? Binchen? Nüsse, Zucker und Hooonig! Ganze Eimer voll!‹ Er leckte sich genüßlich das Maul – Bären mögen nämlich Honig sehr gern. ›Du, wollen wir uns das nicht mal ansehen?‹

›Aber Tatzi! Wie und wann denn?‹

›Jetzt gleich! Ab nächste Woche machen sie Nachtschicht, da gehts nicht mehr. Du setzt

dich auf meinen Rücken und ich trag dich hin!‹

›Aber Tatzi, du bist doch viel zu klein?‹

›Werden wir gleich haben!‹ Tatzi lief zum Fenster, zog die Vorhänge zurück: der Himmel war voll Sterne.

›Komm her!‹ rief Tatzi und deutete hinauf: ›Was ist das dort?‹

›Der große Bär‹ sagte Sabine, das hatte Vater ihr erklärt.

›Richtig – und das ist mein großer Bruder‹ erwiderte Tatzi stolz. ›Da schaust du was? Ja, ich bin aus guter Familie. Und jetzt gib mal acht!‹ Er streckte die zottigen Ärmchen bittend weit aus und brummte dabei:

›Großer Bär, du Guter,
hör deinen kleinen Bruder:
ich möchte gerne größer sein –
bitte, hilf mir, sag nicht nein!‹

Und da – zu Sabines Erstaunen – wurde aus Tatzi plötzlich ein richtiger Bär, wie sie im Tiergarten zu sehen sind. Er ließ sich auf seine vier Beine nieder: ›Los, steig auf!‹

Binchen gehorchte begeistert. Tatzi stieß nur mit dem Kopf ein wenig gegen die Türen – da flogen sie auf. Dann rannte er los, durch die nächtlich leeren Straßen, immer schneller – Binchen jauchzte vor Vergnügen und hielt sich an seinen Ohren fest. Schon waren sie draußen vor der Stadt und sahen die Umrisse der großen Lebkuchenfabrik!

Drinnen, in den mächtigen Hallen, wars still und dunkel.

›He, großer Bär!‹ rief Tatzi, ›leucht mal ein bißchen!‹ Da schienen die Sterne ganz hell herein, so daß die zwei alles gut sehen konnten: die Kettenöfen, die Maschinen, viele, viele Backbleche.

›Jetzt aber los zum Vorratsraum, hopp!‹, drängte Tatzi, und seine feine Nase fand gleich den Weg dorthin. War ja auch nicht schwer bei solchem Duft.
›Ich bin das Mehl!‹ stellte sich ein riesiger Sack vor, ›feinstes Weizenmehl!‹
›Und ich der Zucker, beste Raffinade aus Kuba‹ sagte der Sack daneben.
›Wir sind die Mandeln – und wir die Nüsse!‹ kicherte es aus kleineren Säcken.
›Hm – da riechts aber gut‹ schnupperte Binchen. ›Ich bin gemahlener Zimt aus Ceylon‹ flüsterte es aus einer Dose – ›ich das Nelkengewürz‹ tönte es aus einer anderen. ›Ich bin der Ingwer‹ pipste es dann – ›ich der Kardamon‹ – ›ich der Pfeffer aus Indien‹ – ›und ich die Muskatblüte aus den Tropen!‹
Binchen und Tatzi gingen staunend von Sack zu Sack, von Dose zu Dose.
›Und dort‹ hob Tatzi jetzt die Nase – ›dort steht der Honig!‹ Schon lief er auf eine Reihe blitzblanker Eimer zu.
›W-a-l-d-h-o-n-i-g‹ buchstabierte Binchen.
›Riecht man doch‹ schnüffelte Tatzi altklug.
›Hier ist Blütenhonig ... hier Heidehonig. Mmm – wie der duftet!‹ Und plötzlich stand Tatzi auf den Hinterbeinen, riß mit den Pfoten den Deckel vom Eimer, daß er scheppernd davonflog, beugte den dicken Kopf und begann, mit seiner Zunge Honig zu schlecken, daß es nur so schmatzte!
Erst war Binchen starr vor Schreck. Dann aber schrie sie entsetzt:
›Tatzi! Tatzi! Das darfst du doch nicht!‹ Sie zerrte an seinem braunen Fell, aber ihr guter alter Tatzi knurrte sie so böse an, daß sie angstvoll abließ. ›Aber Tatzi‹ – schon rollten ihr die Tränen aus den Augen.

Da – plötzlich wars ganz hell im Raum! Und an der Tür stand ein Mann in roten Hosen, grünem Wams und hoher Gugelmütze, mit einer Armbrust bewaffnet.
›Herrjeh, das ist doch ein – ein Zeidler oder Zeidelschütz‹ dachte Binchen.› Einen solchen hab ich doch schon einmal gesehen – ja, am Christmarkt. Und Vater hat gesagt, viel früher einmal, im Mittelalter, haben die Imker so geheißen und solche Tracht gehabt.‹
›Was fällt dir ein?‹ schrie der Zeidler den Bären an, ›schämst du dich nicht, du alter Schlecker? Den Honig wegfressen, den man doch braucht für die Lebkuchen? Aber warte!‹ Blitzschnell legte der Zeidelschütz Armbrust und Pfeil zurecht, spannte die Sehne und zielte auf Tatzi!
›Nein, nein!‹ schrie Binchen laut auf – und erwachte. Oh – es war nur ein Traum gewesen! Weich und warm lag Tatzi neben ihr, und ein Stein fiel ihr vom Herzen. ›Mein Tatzilein‹ murmelte sie zärtlich im Einschlafen.
Einige Wochen später durfte Binchen mit dem Vater zum Christmarkt. Und da, vor dem ›Honig- und Lebkuchenhaus‹ beim Schönen Brunnen – da sah sie den Zeidler wieder. Sie erschrak ein bißchen. Doch der lachte sie freundlich an, er wußte ja von nichts.
Binchen aber hatte eine gute Idee: Sie kramte Geld aus ihrem Täschchen und kaufte für Tatzi ein Glas Bienenhonig. Er mochte ihn doch so gern – und auch er sollte eine Weihnachtsfreude haben.

HON

Die Geschichte vom goldenen Bienenkorb

Wenn vor Weihnachten ein Fremder durch Nürnbergs Straßen geht, fängt er plötzlich genüßlich zu schnuppern an, weil der Wind ihm von da oder dort den würzigen Duft frischer Lebkuchen in die Nase weht, und er erinnert sich, daß er sich ja in der Lebkuchenstadt befindet. In deren großen Fabriken jetzt Hochbetrieb herrscht.

Früher – im Mittelalter – gabs natürlich nur kleine Bäckereien, und die Meister gehörten einer eigenen Zunft an. So auch der Meister Jeckel, dessen Haus mit der Backstube sich in der Nähe des Marktes befand. Seine Frau hielt ihm alles sauber, und sein kleiner Sohn Brosi half sogar schon beim Backen, wenns auf Weihnachten zuging.

Eigentlich hieß er Ambrosius. Und an einem Pfingstsonntag führte ihn der Vater einmal zu dem berühmten ›Schönen Brunnen‹, den du sicher auch schon gesehen hast. Alle Fremden fotografieren ihn, kosten sein Wasser und drehen an dem sogenannten Handwerksburschenring, der kunstvoll ins eiserne Gitter geschmiedet ist. Das soll nämlich Glück bringen!

Den neunzehn Meter hohen, vergoldeten Brunnen schmücken vierzig Steinfiguren, die in vier Reihen übereinander sitzen oder stehen: Heilige, Könige, Fürsten und Gelehrte sind darunter.

›Sieh dir einmal den dort gut an!‹ zeigte der Vater auf die zweite Reihe, ›das ist der heilige Ambrosius, dein Namenspatron!‹

Brosi sah aufmerksam hin und rief überrascht: ›Der hat ja einen Bienenkorb neben sich, wie die Zeidler welche haben!‹

Die Zeidler – so hießen damals die Imker – wohnten im Reichswald und lieferten den Bienenhonig in die Stadt. Der war sehr kostbar, weil man ja den Zucker noch nicht kannte, und die Zeidler waren deshalb hochangesehen. Ihre besten Kunden waren natürlich die Lebküchner.

›Ganz richtig‹ sagte der Vater, ›das ist ein Bienenkorb. Dieser Kirchenlehrer konnte konnte nämlich so gut predigen, daß seine Worte den Leuten 'süß wie Honig' vorkamen. Und eine Legende gibts auch: als das Kind Ambrosius einmal im Garten schlief, flogen die Bienen durch sein geöffnetes Mündchen ein und aus, ohne ihn zu stechen! Darum haben ihn die Zeidler, Wachszieher und Lebküchner zu ihrem Schutzheiligen erwählt!‹

Brosi hatte gut zugehört und war jetzt ganz stolz auf seinen Namen.

In dieser Nacht brach in der Stadt Feuer aus. Die Glocken dröhnten von der Sebaldus-, Lorenz- und Frauenkirche. ›Feuriooo!‹ schrieen die Wächter von den Türmen – und alle Leute rannten, um zu löschen. Feuerwehr und Spritze gabs ja noch nicht, nur Wassereimer wurden von Hand zu Hand gereicht. Und hätte nicht ein starker Regen eingesetzt, wäre wohl ein riesiger Brand entstanden.

Am andern Morgen sah es trotzdem traurig genug aus: vier Häuser waren ganz niedergebrannt – und das des Meisters Jeckel zur Hälfte, samt der Backstube, ihrer Einrichtung und allen Vorräten an Mehl, Honig,

Mandeln und Gewürzen. Du kannt dir den Jammer vorstellen!
Die Küche und zwei Kammern wurden notdürftig wieder hergerichtet. Aber wo und womit sollte der Meister nun Lebkuchen backen? Wo das Geld hernehmen für eine Backstube, einen neuen Ofen und die Backzutaten? Zu allem Unglück war auch noch Brosis Mutter erkrankt: sie hatte sich beim Löschen schwer erkältet, lag nun mit hohem Fieber zu Bett und eine Nachbarin machte die dringendste Arbeit.
Ganz verzweifelt bat Jeckel den Rat der Stadt um Hilfe: ›Ich brauche eine Backstube, daß ich arbeiten und verdienen kann! Doch das Bauen ist teuer – fünfhundert Gulden bräucht ich!‹
Aber der Stadtsäckel war fast leer. ›Zweihundert können wir euch geben, mehr beim besten Willen nicht! Vielleicht helfen eure Verwandten oder die Zunft?‹ so hieß es.
Nun, sein Bruder lieh ihm fünfzig Gulden, die Schwester ebenfalls. ›Aber die Zunft?‹ seufzte der Meister ungläubig. ›Probieren will ichs, aber viel wird nicht herausspringen!‹
Abends ging er zur Zunftstube und Brosi war allein mit der Mutter. ›Durst!‹ flüsterte die Kranke, ›soviel Durst!‹ Ihr Gesicht glühte, die Hände waren fieberheiß.
›Gleich, Mutterle, ich bring dir frisches Wasser!‹ Aber o weh – die Wasserbutte in der Küche war leer, die Nachbarin hatte vergessen, zum Brunnen zu gehen! ›Bin gleich wieder da, Mutterle!‹ tröstete Brosi die Kranke. Und da die Holzbütte viel zu groß für ihn war, nahm er einen zinnernen Krug vom Bord und ging.

Draußen wars schon Nacht. Aber Brosi hatte keine Angst: Glühwürmchen flogen wie kleine Laternen um ihn, der Halbmond stand hell am Himmel, und dann sah er schon den ›Schönen Brunnen‹ leuchten. Er bog das Rohr herab, ließ das kühle Naß in den Krug laufen. Dabei fiel sein Blick auf Ambrosius. Vorsichtig stelle Brosi den vollen Krug aufs Pflaster, und dann redete er voll Vertrauen mit dem Heiligen: ›Du warst doch so ein Gelehrter‹ sagte er, ›weißt du uns denn keinen Ausweg? Mein Vater ist ein guter Lebküchner und du bist doch sein Schutzheiliger! Ich aber – ich trag sogar deinen Namen! Bitte, bitte hilf, daß der Vater Geld kriegt!‹

Der Heilige schwieg. Doch von seinem Bienenkorb flogen plötzlich einige Glühwürmchen auf, und setzten sich Brosi auf Schultern und Arme. Das schien dem eine freundliche Antwort – und leichteren Herzens brachte er der Mutter das frische Wasser.

Es hatte ihr gut getan – am Morgen fühlte sie sich viel wohler. Der Vater aber machte ein Sorgengesicht: fünfzig Gulden nur hatten sie ihm bei der Zunft versprechen können.

›Zum Bauen langts nun ja‹ meinte er, ›aber wovon Mehl, Honig und Gewürz kaufen? Und leben müssen wir auch!‹

›Nur Mut!‹ sagte die Mutter, ›mir gehts schon wieder ganz gut. Bald kann ich waschen und nähen für die Leut, dann reichts schon!‹

›He – was ist denn das?‹ rief jetzt Brosi, der eben in sein Wams schlüpfen wollte. ›Vater, schau nur!‹ Er zeigte sein Jäckchen – und da saßen immer noch die Glühwürmchen drauf. Nein, es waren Bienen! So groß wie echte, aber aus purem Gold, die Füßchen und Flügel ganz fein geformt, und die Äuglein blitzten in allen Farben!

›Das – das sind echte Edelsteine!‹ staunte der Vater, und nun erzählte Brosi von seinem nächtlichen Gang.

›Mein Gott‹ strahlte Meister Jeckel, ›jetzt ist uns geholfen! Das sind kostbare Schmucknadeln, für die wir viel Geld bekommen!‹

›Und zehn Stück!‹ jubelt Brosi, ›soviel wie ich Jahre alt bin!‹

Nun ists rasch erzählt. Ein Goldschmied kaufte die kleinen Kunstwerke für 150 blanke Gulden. Die Mutter wurde gesund, und emsig gings ans Bauen. Neben die neue Backstube kam ein Vorratsraum, der bald gefüllt war mit Mehl, Honig, Nüssen und Gewürzen. Der Lebküchner schnitzte abends besonders hübsche Modeln, und im Herbst half die ganze Familie beim Bakken. Zu Weihnachten wurden alle Lebkuchen verkauft, so daß Jeckel seine Schulden zurückzahlen konnte.

Brosi aber bekam einen extra großen: Der hatte die Form eines Bienenkorbs, und aus Mandeln waren kleine Bienen draufgesetzt.

Wenn du aber mal wieder zum Markt kommst, dann geh auch zum Schönen Brunnen hin und schau ihn dir gut an: durch sein Gitter siehst du den heiligen Ambrosius mit seinem Bienenkorb auch heute noch.

Inhalt

Umschlaggestaltung: Fritz H. Oerter.
12 Zeichnungen im Text von Christa Stauber.
Druck: Heinrich Schiele, Regensburg.
Einband: Georg Gebhardt, Ansbach.
ISBN 3 418 00552 7